これさえ読《よ》めばだいたいわかる

バスケのルール

超《ちょう》初《しょ》級《きゅう》編《へん》

feat. Kishiboy

著：中野良一・木谷友亮
キャラクターデザイン：荒川潤一

ベースボール・マガジン社

はじめに

バスケットボールは、その名《な》の通《とお》りバスケットにボールを入《い》れて得点数《とくてんすう》を競《きそ》う、とてもシンプルなスポーツです。安全《あんぜん》に楽《たの》しくプレーできるスポーツとしてアメリカの体育《たいいく》の先生《せんせい》が考《かんが》え出《だ》したスポーツで、それが広《ひろ》がり、人気《にんき》スポーツとして観《み》てる人《ひと》も楽《たの》しめるようにルールが進化《しんか》してきました。

この本《ほん》では、これからバスケをプレーする人《ひと》も、観《み》る人《ひと》もなるべく簡単《かんたん》に楽《たの》しめるようになるべくとてもゆるゆるにルールなどをご紹介《しょうかい》します。

この本《ほん》に登場《とうじょう》するキャラクターは、様々《さまざま》なスポーツルールの伝道師《でんどうし》、キシボーイです。キシボーイと一緒《いっしょ》にざっくりルールについて知《し》って、バスケットボールへの最初《さいしょ》の一歩《いっぽ》になってもらえればと思《おも》います。

ルールの伝道師《でんどうし》　キシボーイ

もくじ

第《だい》1章《しょう》

バスケとは

バスケットボールの基本情報《きほんじょうほう》やルールについて

ざっくりとご説明《せつめい》します。

バスケットボールは、
その名《な》のとおり
「バスケット」に
「ボール」を
入《い》れて
得点《とくてん》を競《きそ》うスポーツです。

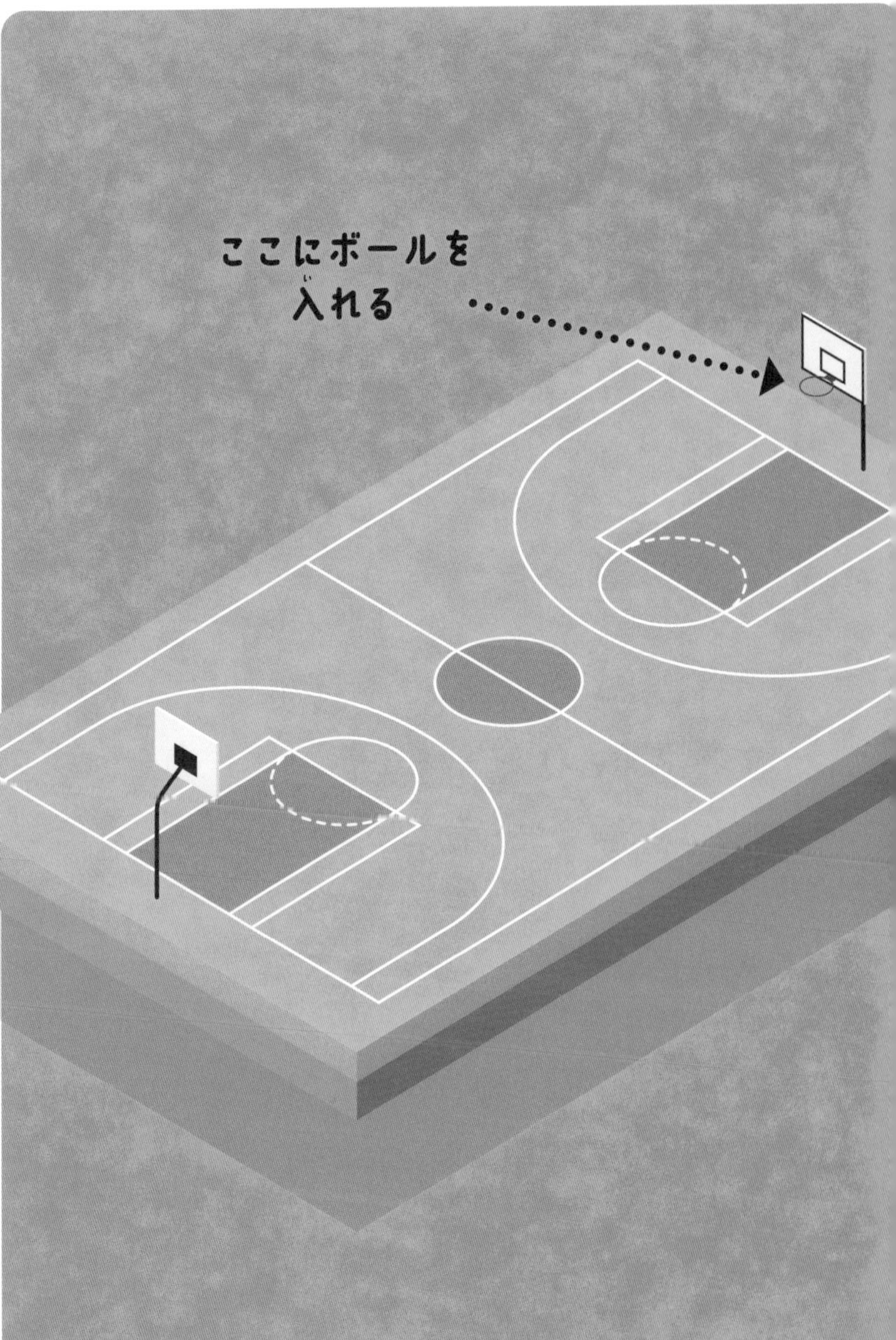
ここにボールを入《い》れる

バスケット

← 桃《もも》を入《い》れるカゴだった

バスケットボールができたばかりの頃《ころ》は、桃《もも》を入《い》れるカゴにボールを入《い》れたら点《てん》が入《はい》るというものでした。その後《あと》、カゴの後《うし》ろに板《いた》をつけて、今《いま》のような姿《すがた》になったようです。

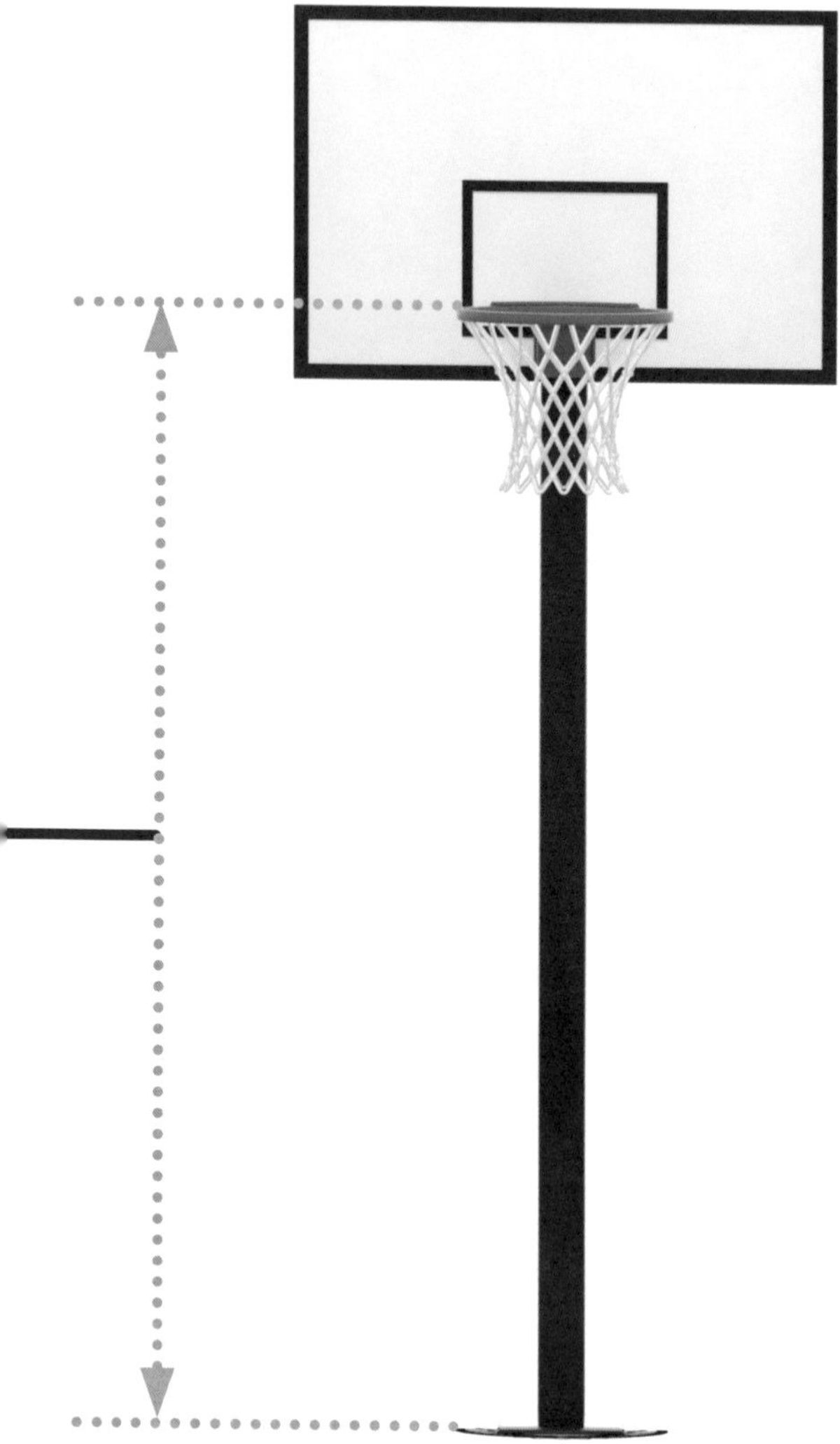

305センチ

かなり高《たか》い

バスケットボールが最初《さいしょ》にできた時《とき》、ゴールを体育館《たいいくかん》の2階席《かいせき》に取《と》り付《つ》けていました。
その高《たか》さが床《ゆか》から305センチだったため、それがルールになりました。

この枠《わく》は、ここをねらえ、という目印《めじるし》

ゴールリングの上《うえ》にある四角《しかく》の枠《わく》は、シュートを決《き》めやすくするための的《まと》（マト）です。枠《わく》の内側《うちがわ》にボールを当《あ》てられると、大体《だいたい》シュートを決《き》めることができます。

ボール

直径《ちょっけい》24.5センチ

結構《けっこう》でかい

最初《さいしょ》は、サッカーボールを使《つか》ってバスケットをやっていましたが、手《て》で扱《あつか》いやすいようにボールが改良《かいりょう》されて今《いま》の大《おお》きさになりました。女子《じょし》バスケや3×3のボールサイズは、ひと回《まわ》り小《ちい》さいものを使《つか》っています。

人《にん》数《ずう》

5人《にん》ずつ

5人《にん》ずつ2チームに分《わ》かれて、ひとつのボールを奪《うば》い合《あ》います。

バスケットボールが誕生《たんじょう》した頃《ころ》は、9人《にん》対《たい》9人《にん》、7人《にん》対《たい》7人《にん》など特《とく》に決《き》まりはなかったようです。なんと50人《にん》対《たい》50人《にん》の試《し》合《あい》もあったとか！ さすがに人数《にんずう》はちゃんと決《き》めよう、ということで5対《たい》5になりました。

バスケットコートの名称《めいしょう》

縦《たて》28メートル・横《よこ》15メートルのバスケットコートには、たくさんの線《せん》があり、難《むずか》しそうに見《み》えます。しかしよく見《み》るとシンプルで、基本的《きほんてき》には「スリーポイントライン」、「フリースローライン」、「ペイントエリア」の３つをおぼえれば大丈夫《だいじょうぶ》でしょう。

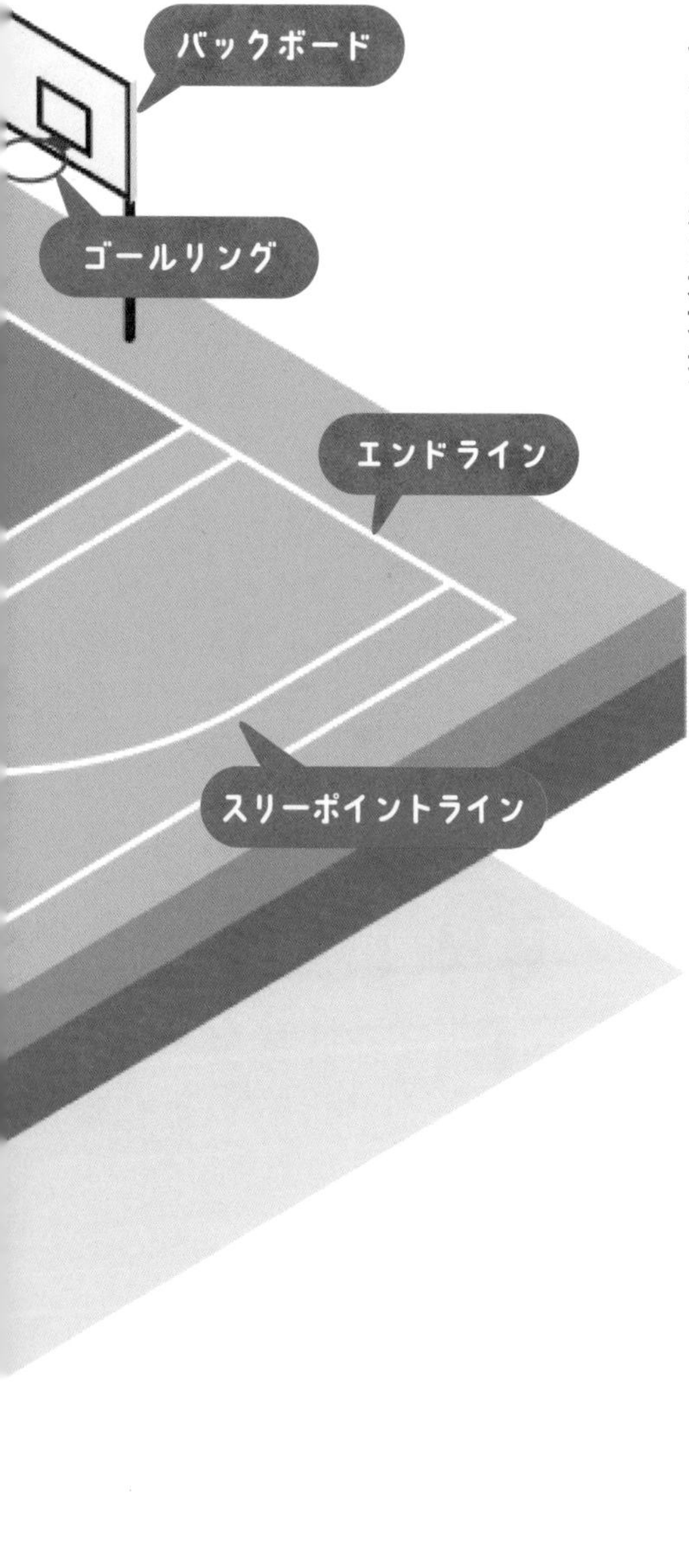

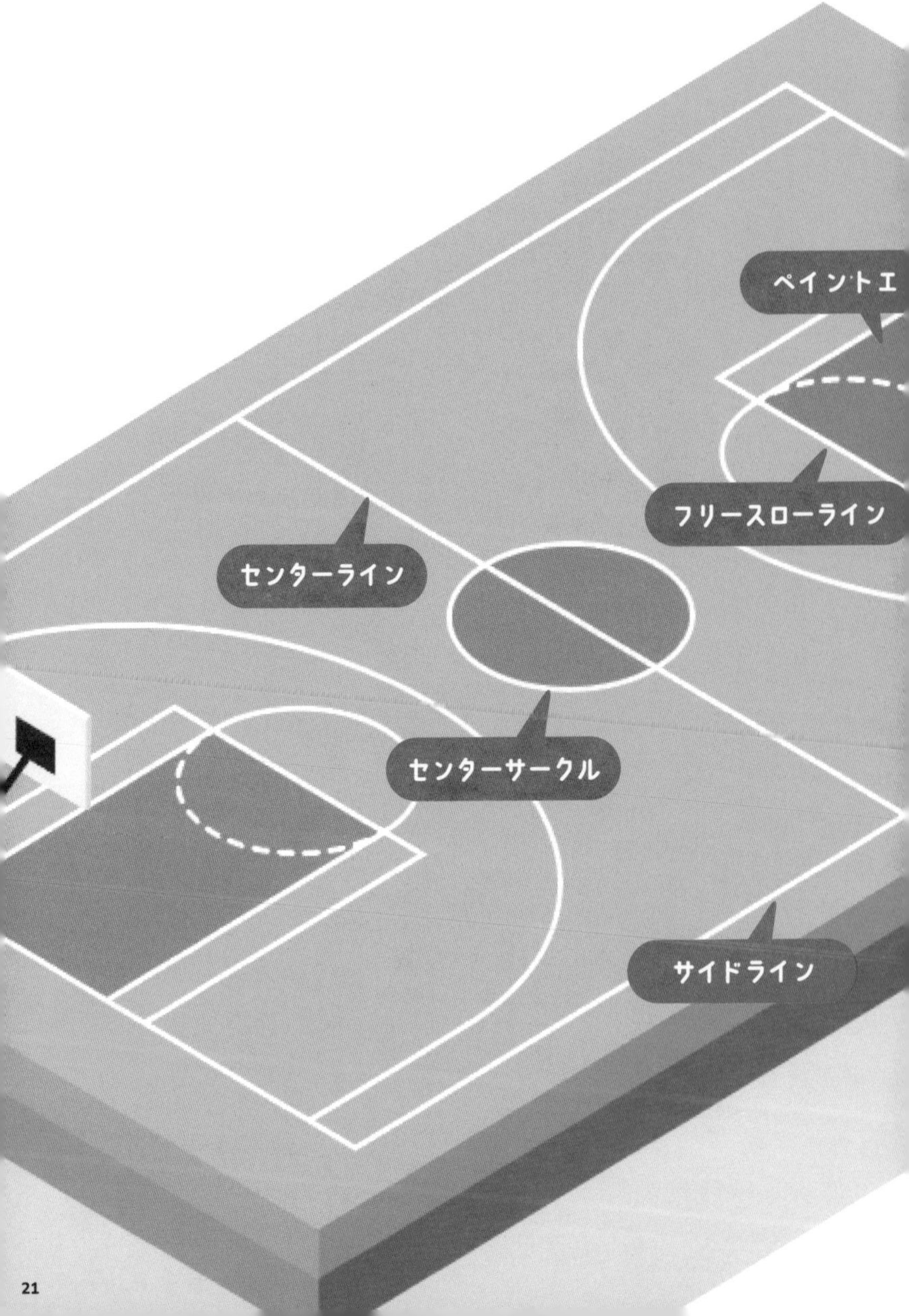
ペイントエ
フリースローライン
センターライン
センターサークル
サイドライン

選《せん》手《しゅ》交《こう》代《たい》は自《じ》由《ゆう》。

サッカーや野球《やきゅう》と違《ちが》い、バスケットボールでは、選手交代《せんしゅこうたい》は何度《なんど》行《おこな》ってもＯＫ。一度《いちど》ベンチに戻《もど》った選手《せんしゅ》もまたコートに戻《もど》ることもできます。ほかの競技《きょうぎ》に比《くら》べ、攻守《こうしゅ》の切《き》り替《か》わりが早《はや》く、コートの選手《せんしゅ》が常《つね》に走《はし》り回《まわ》っています。そのままずっとプレーすれば、スタミナ切《ぎ》れした選手同士《せんしゅどうし》がプレーし、スピード感《かん》に欠《か》け、試合《しあい》が面白《おもしろ》くありませんよね。そういうわけで、ベンチ入《い》りした選手《せんしゅ》（7人《にん》～15人《にん》）の多《おお》くがコートに立《た》ってプレーができるようにしています。

試《し》合《あい》時《じ》間《かん》

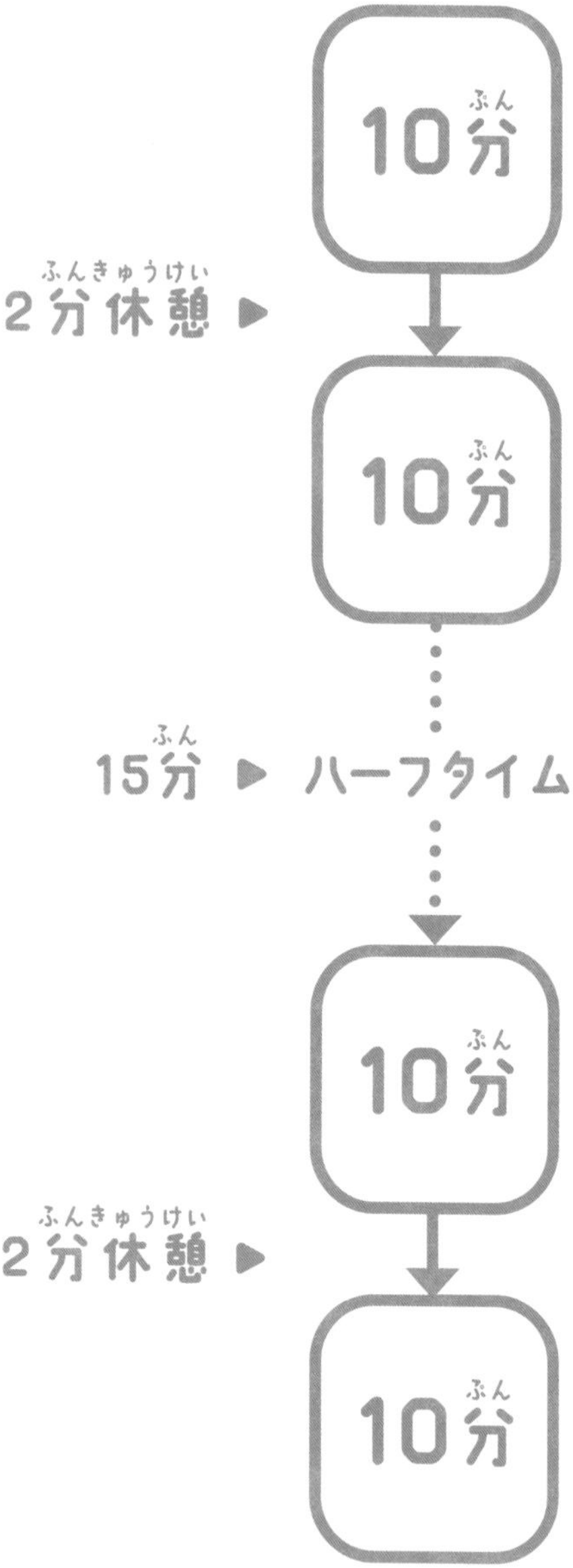

10分《ぷん》
2分休憩《ふんきゅうけい》 ▶
10分《ぷん》
15分《ふん》 ▶ ハーフタイム
10分《ぷん》
2分休憩《ふんきゅうけい》 ▶
10分《ぷん》

10分《ぷん》を4回《かい》、合計《ごうけい》40分《ぷん》

1クオーター（10分間《ぶんかん》）ごとに、2分《ふん》の休憩《きゅうけい》があり、2クオーター終了《しゅうりょう》後《ご》、15～20分《ふん》のハーフタイムがあります。プロの試合《しあい》では、ハーフタイムの間《あいだ》にダンスなどのショーがあったりしてすごく華《はな》やかです。ちなみに2000年《ねん》より前《まえ》は、前後半《ぜんこうはん》20分《ぷん》ずつ合計《ごうけい》40分《ぷん》で試合《しあい》をしていました。

よく時計《とけい》が
止《と》まる。

時計が止まるとき

コートの外《そと》にボールが出《で》たとき

反則《はんそく》があったとき

フリースローのとき

タイムアウト（監督《かんとく》が選手《せんしゅ》に指示《しじ》を出《だ》す時間《じかん》のこと）

バスケットボールは、試合《しあい》の時計《とけい》を止《と》めることが多《おお》いスポーツです。ですので、タイマーと呼《よ》ばれる試合《しあい》の時計《とけい》を止《と》めたり、進《すす》めたりする役割《やくわり》の人《ひと》がいます。

勝《しょう》敗《はい》

得点《とくてん》の多《おお》いほうが勝《か》ち

取《と》り方《かた》によって、一度《いちど》に入《はい》る点数《てんすう》が変《か》わります。

得《とく》点《てん》①

2点《てん》……

スリーポイントラインよりも内側《うちがわ》でシュートしゴールすると、2点《てん》入《はい》ります。

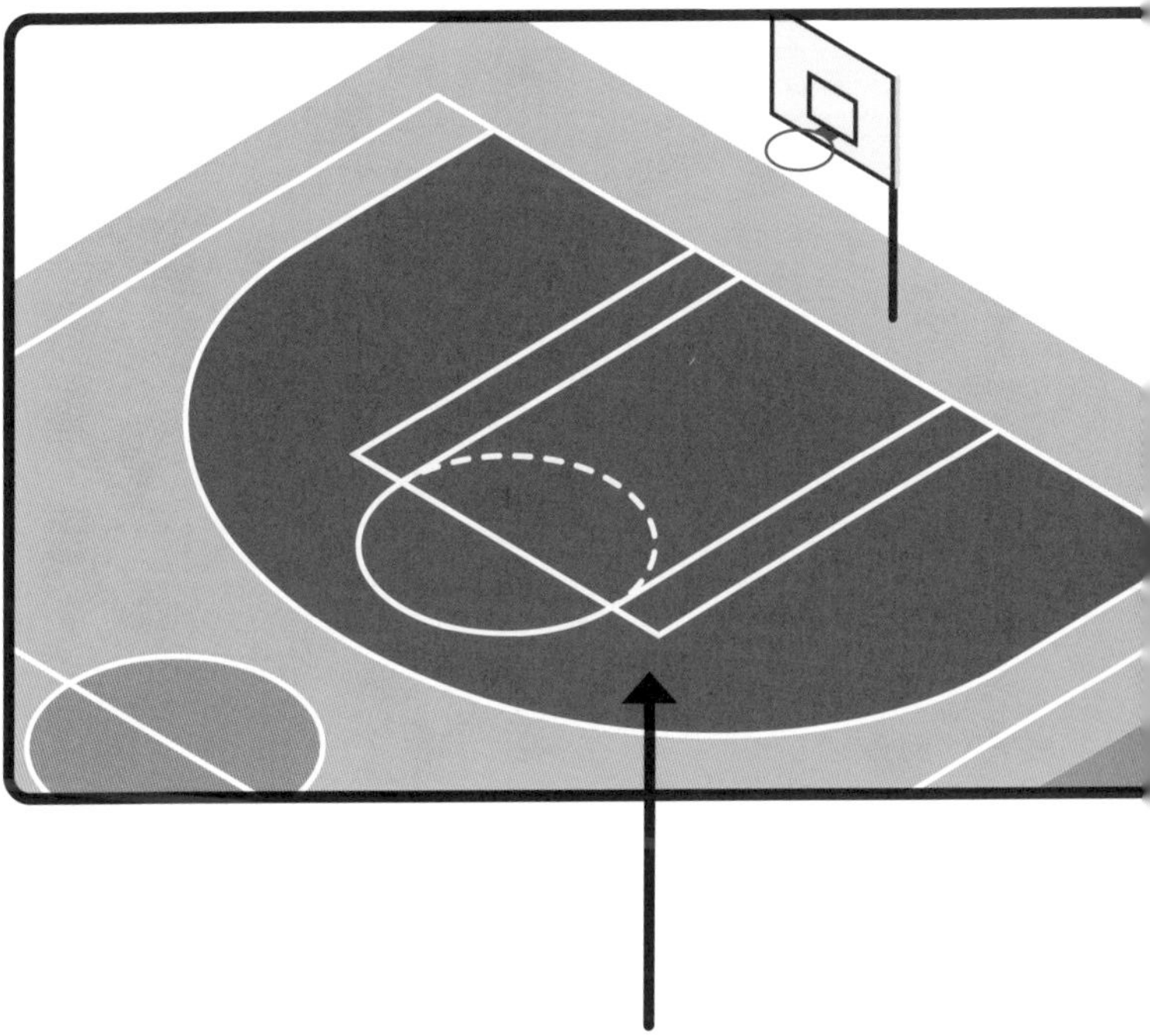

このエリアで
シュートしゴールする。

点《てん》の取《と》り方《かた》②

3点《てん》ポイント

スリーポイントラインよりも外側《そとがわ》からシュートしてゴールすると、3点《てん》入《はい》ります。ゴールまでの距離《きょり》が遠《とお》いため、シュートの成功率《せいこうりつ》も低《ひく》く、入《はい》ると会場《かいじょう》が沸《わ》きます。このルールは最初《さいしょ》の頃《ころ》はなかったのですが、試合《しあい》をより盛《も》り上《あ》げるために作《つく》られました。

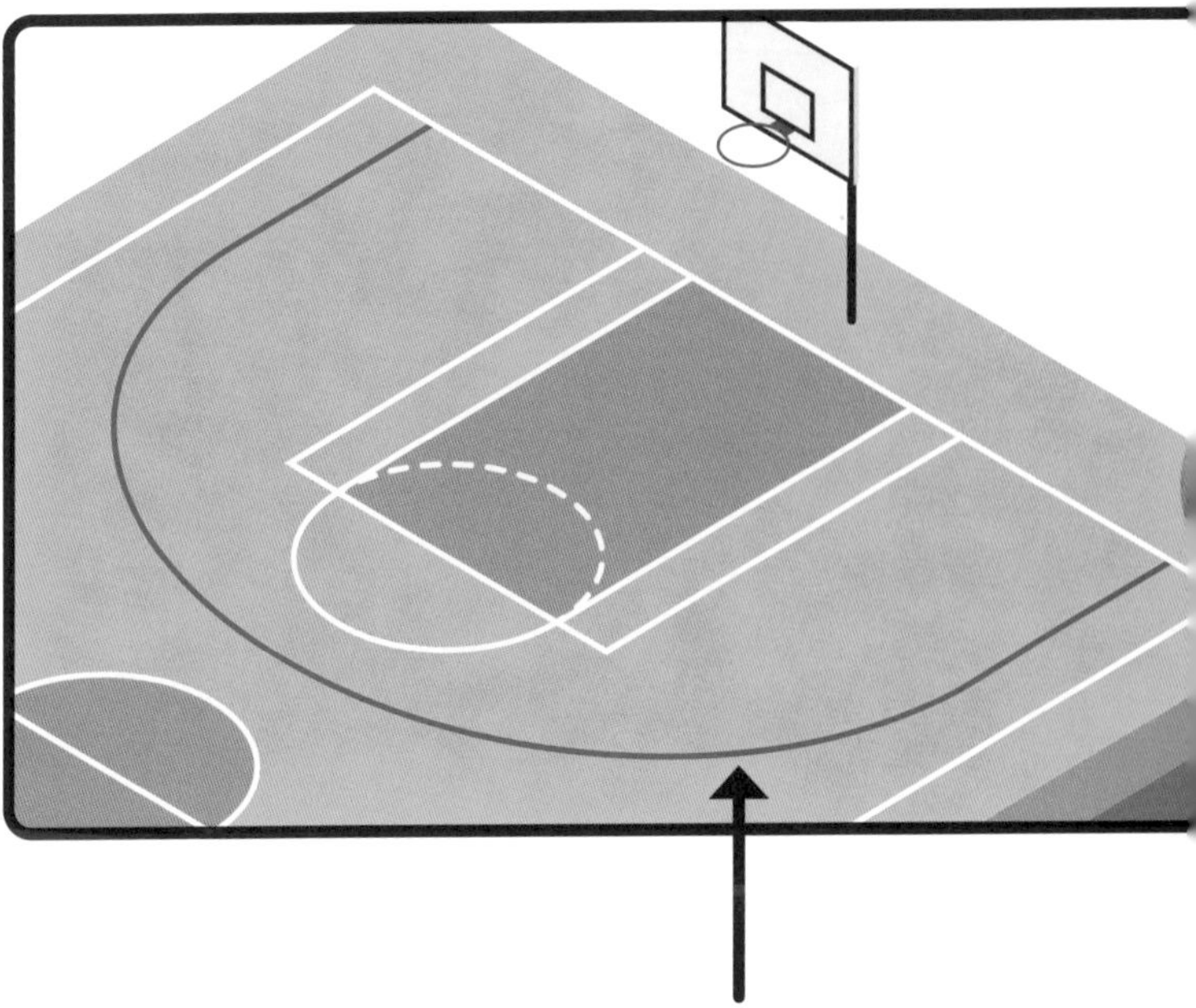

このラインより外《そと》から
シュートしゴールする。

スリー

点《てん》の取《と》り方《かた》③

1点《てん》スロー

ファウルがあった場合《ばあい》、ファウルを受《う》けたチームは、フリースローラインから誰《だれ》にも邪魔《じゃま》されずシュートすることができます。ゴールすると1点《てん》です。落《お》ち着《つ》いて打《う》てるため、入《はい》る確率《かくりつ》の方《ほう》が高《たか》いのですが、その分緊張《ぶんきんちょう》してしまうそうです。また、若干正々堂々《じゃっかんせいせいどうどう》としていない気《き》もしますが、ゴール裏《うら》で観戦《かんせん》している相手《あいて》チームのファンは、あの手《て》この手《て》のパフォーマンスで、フリースローをする選手《せんしゅ》をまどわせ失敗《しっぱい》させようとします。バスケの会場《かいじょう》でよく見《み》る光景《こうけい》です。

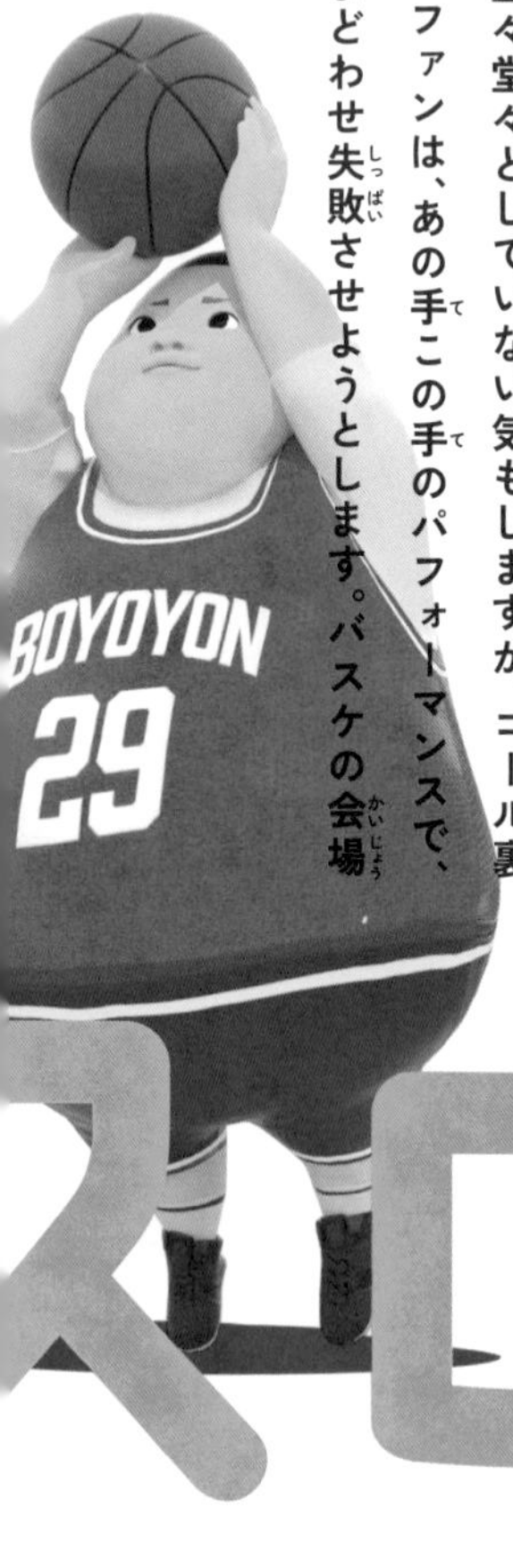

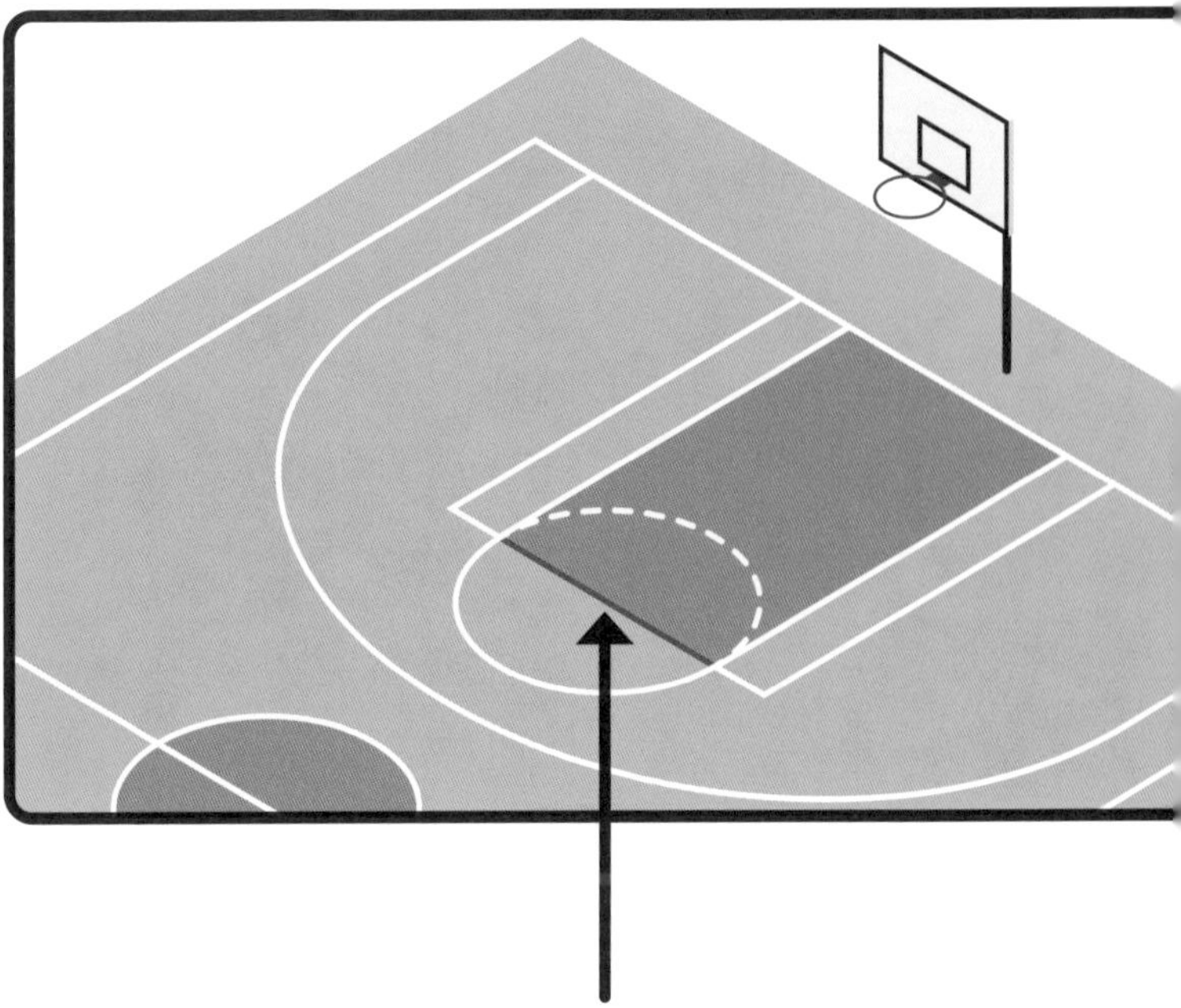

このラインからシュートします。

フリー

試合《しあい》のはじめ方《かた》

ジャンプボール

試合《しあい》は、ジャンプボールというプレーからスタートします。これはコートの真《ま》ん中《なか》に、両《りょう》チームから1人《ひとり》ずつが出《で》てきて、審判《しんぱん》が真上《まうえ》に投《な》げた空中《くうちゅう》のボールを、ジャンプして味《み》方《かた》の方《ほう》に弾《はじ》きます。ボールが取《と》れた方《ほう》から攻撃《こうげき》が始《はじ》まり、試合《しあい》スタートです。

63

バスケふむふむノート①

バスケットボールはいつ始《はじ》まった？

バスケットボールは、1891年《ねん》アメリカで誕生《たんじょう》しました。「面白《おもしろ》くて、覚《おぼ》えるのもプレーするのも簡単《かんたん》。しかも、冬《ふゆ》に屋内《おくない》でできる新《あたら》しいゲームが必要《ひつよう》」という宿題《しゅくだい》を与《あた》えられたネイスミスという人《ひと》が、考《かんが》えついたものです。「屋内《おくない》でやること、誰《だれ》でも簡単《かんたん》にできる」ということで、ネイスミスさんは、「タックルなどの危険《きけん》なプレーがおきないスポーツにしたい」と考《かんが》えたようです。そこで、参考《さんこう》にしたのがアメリカンフットボールです。アメリカンフットボールでは、ボールを持《も》っている人《ひと》が自由《じゆう》に動《うご》けるので、守《まも》っている側《がわ》はそれを止《と》めるために、タックルをする必要《ひつよう》があります。「もしも、ボールを持《も》っている人《ひと》が動《うご》けないというルー

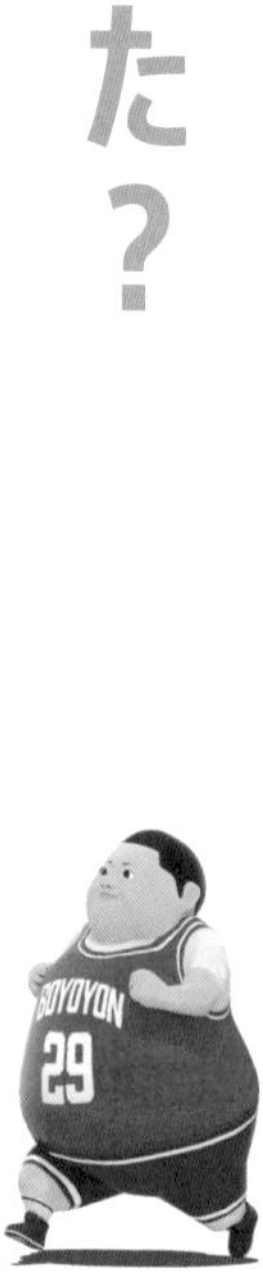

ルにしたら、止《と》めるためのタックルも必要《ひつよう》なくなるのでは？」と、考《かんが》えたネイスミスさん。そして、「ボールを持《も》ったら、その場《ば》にいなければならない。進《すす》むためには味方《みかた》にパスする」という今《いま》のバスケットボールの原型《げんけい》が生《う》まれたのです。

シュートも、思《おも》い切《き》りボールを蹴《け》ったり、投《な》げたりするのを避《さ》けて、安全《あんぜん》にできるようなものにしたいと考《かんが》えたようです。そこで、ゴールを高《たか》い位置《いち》に置《お》くことで、下《した》から高《たか》く放物線《ほうぶつせん》を描《えが》くようなゆっくりとしたスピードのシュートにしたのでした。

ちなみに、最初《さいしょ》は体育館《たいいくかん》に転《ころ》がっていたサッカーボールと、ゴールもたまたまそこにあった桃《もも》を収穫《しゅうかく》するときのカゴを使《つか》って行《おこな》われました。そうして、カゴにボールを入《い》れる新《あたら》しいスポーツが生《う》まれ、名前《なまえ》も、そのまま「バスケット（カゴ）ボール」になりました。

バスケットボールはプロの試合《しあい》を観《み》るとすごく激《はげ》しいスポーツに感《かん》じますが、「誰《だれ》もが安全《あんぜん》に楽《たの》しめる」を目指《めざ》して生《う》まれたスポーツなんですね。

ユニフォーム

写真《しゃしん》：吉田宗彦《よしだむねひこ》

バスケットボールは、ノースリーブのシャツに短《たん》パンというスタイルです。他《ほか》のスポーツではあまり見《み》られないので、バスケットボールの個性《こせい》でもあります。昔《むかし》は特《とく》に決《き》まりはなかったようですが、屋内《おくない》で行《おこな》われるので温度《おんど》を気《き》にする必要《ひつよう》もなく、腕《うで》の上《あ》げ下《さ》げも楽《らく》ということで、ソデがなくなったようです。

第《だい》2章《しょう》

反《はん》則《そく》

バスケットの反則《はんそく》は、安全《あんぜん》にプレーできることと楽《たの》しく観《み》られるために決《き》められたものが多《おお》いです。

反《はん》則《そく》には大《おお》きく2種《しゅ》類《るい》あります。

自《じ》分《ぶん》のミスによる反《はん》則《そく》 ▶ バイオレーション

バイオレーションは、ボールの扱《あつか》い方《かた》や、時《じ》間《かん》オーバーなど、主《おも》に自《じ》分《ぶん》のミスによる反《はん》則《そく》です。スローインでプレーを再《さい》開《かい》します。

相手《あいて》への妨害《ぼうがい》の反則《はんそく》

ファウル

ファウルは、からだの接触《せっしょく》によって相手《あいて》のプレーの邪魔《じゃま》をしたり、スポーツマンらしくない振《ふ》る舞《ま》いに対《たい》する反則《はんそく》です。フリースローでプレーを再開《さいかい》することもあります。

34ページ

バイオレーション

持《も》って だめ

ボールを歩《ある》いたら

トラベリング

トラベリングは、ボールを持《も》って3歩《ぽ》以《い》上《じょう》歩《ある》くと反則《はんそく》になるというルールです。ボールを持《も》ってる人《ひと》が動《うご》けなければタックルもなく安全《あんぜん》なスポーツになる、という考《かんが》えから生《う》まれたものです。ちなみに、もちろん走《はし》ってもだめです。

2歩《ほ》まで!

ボールの運《はこ》び方《かた》

ドリブル

YOYOYON
29

バイオレーション

ドリブルからボールを手《て》に持《も》って、もう一度《いちど》ドリブルすると『ダブルドリブル』という反則《はんそく》になります。

…は、ダブルドリブル

…たしまい。

…ら、再度《さいど》ドリブルしてはだめ。

ドリブル

持《も》ったら

ドリブルの後《あと》にボールを手《て》に持《も》

バイオレーション

1 …ぎ禁止《きんし》

…ュートを打《う》つこと。

バスケは、観《み》ても楽《たの》しいスポーツになるように、のんびりしてはいけないルールが多《おお》いスポーツです。スピーディーな試合展開《しあいてんかい》になるように、色々《いろいろ》な時間《じかん》に関《かん》するルールがあります。まずは、24秒《びょう》ルール。これは、攻撃側《こうげきがわ》がボールを持《も》ってからシュートするまでは、24秒《びょう》以内《いない》にしなければいけないルールです。時間《じかん》かせぎで、味方同士《みかたどうし》でパスを回《まわ》したりすることができません。選手《せんしゅ》は、さっさと攻撃《こうげき》しなければいけない。というわけです。以前《いぜん》の制限《せいげん》時間《じかん》は30秒《びょう》でしたが、よりスピーディーにするために24秒《びょう》に短縮《たんしゅく》されました。

時《じ》間《かん》が

攻《こう》撃《げき》の時《とき》は、『24秒《びょう》以《い》内《ない》』

バイオレーション

これも、のんびりしてはだめ。ということで、時間《じかん》かせぎや試《し》合《あい》がダラダラすることを防《ふせ》ぐルールです。守《まも》っているチームがボールを奪《うば》ったあと、自分《じぶん》のコートから相手《あいて》のコートには、８秒《びょう》以内《いない》にボールを運《はこ》ばなければなりません。バスケの選手《せんしゅ》は忙《いそが》しくて大変《たいへん》です。

ぎ禁止《きんし》 ②

コートにボールを運《はこ》ぶこと。

秒以内《びょういない》にこのラインを越《こ》える。

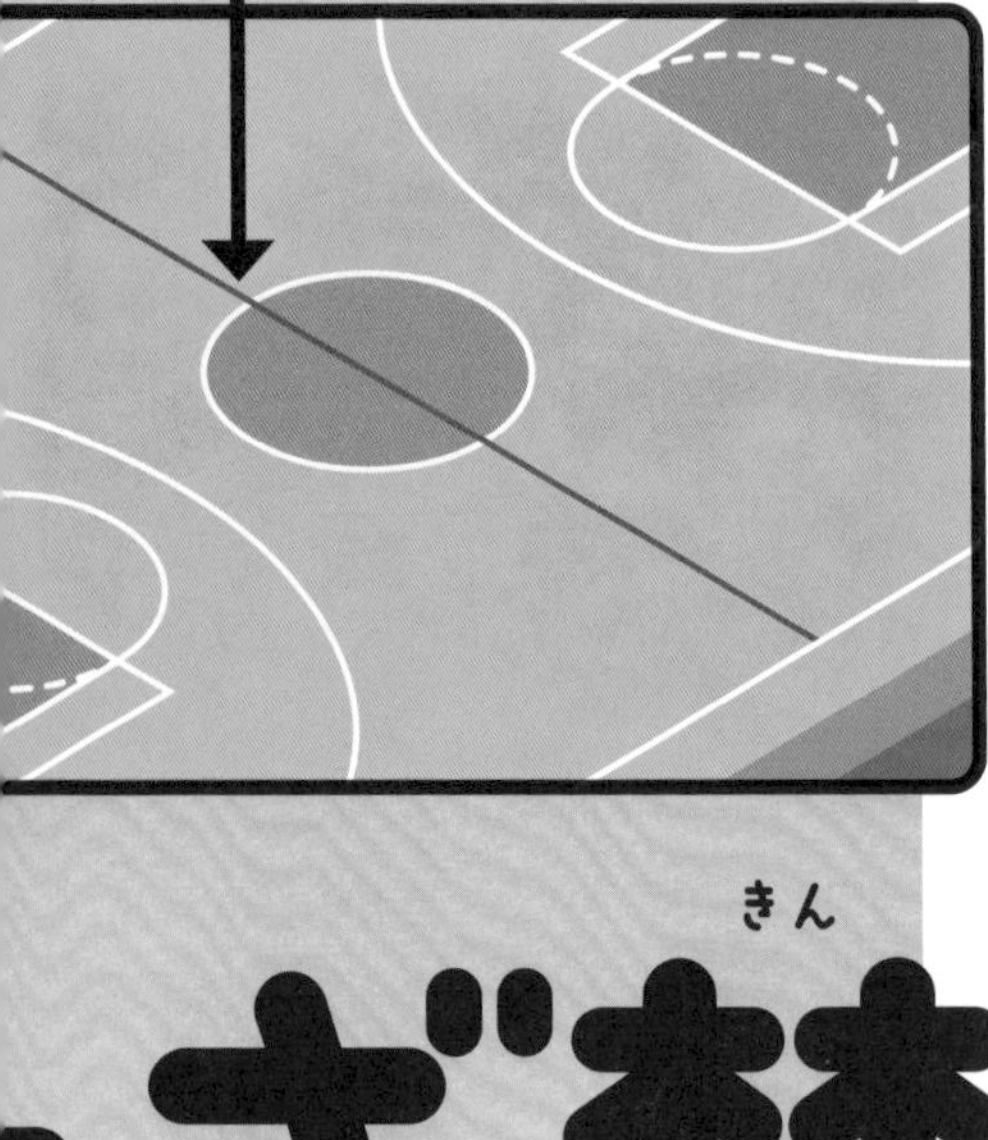

時《じ》間《かん》か

攻《こう》撃《げき》の時《とき》は、『8秒《びょう》以《い》内《ない》』に

バイオレーション

攻《せ》めている時《とき》に、攻撃側《こうげきがわ》の選手《せんしゅ》がゴール下《した》にずっと陣取《じんど》っているのは、ズルい。ということで反則《はんそく》になります。攻《せ》めているチームは、ゴール下《した》の制限区域《せいげんくいき》（ペイントエリア）の中《なか》には3秒以上《びょういじょう》いてはいけない。というルールです。

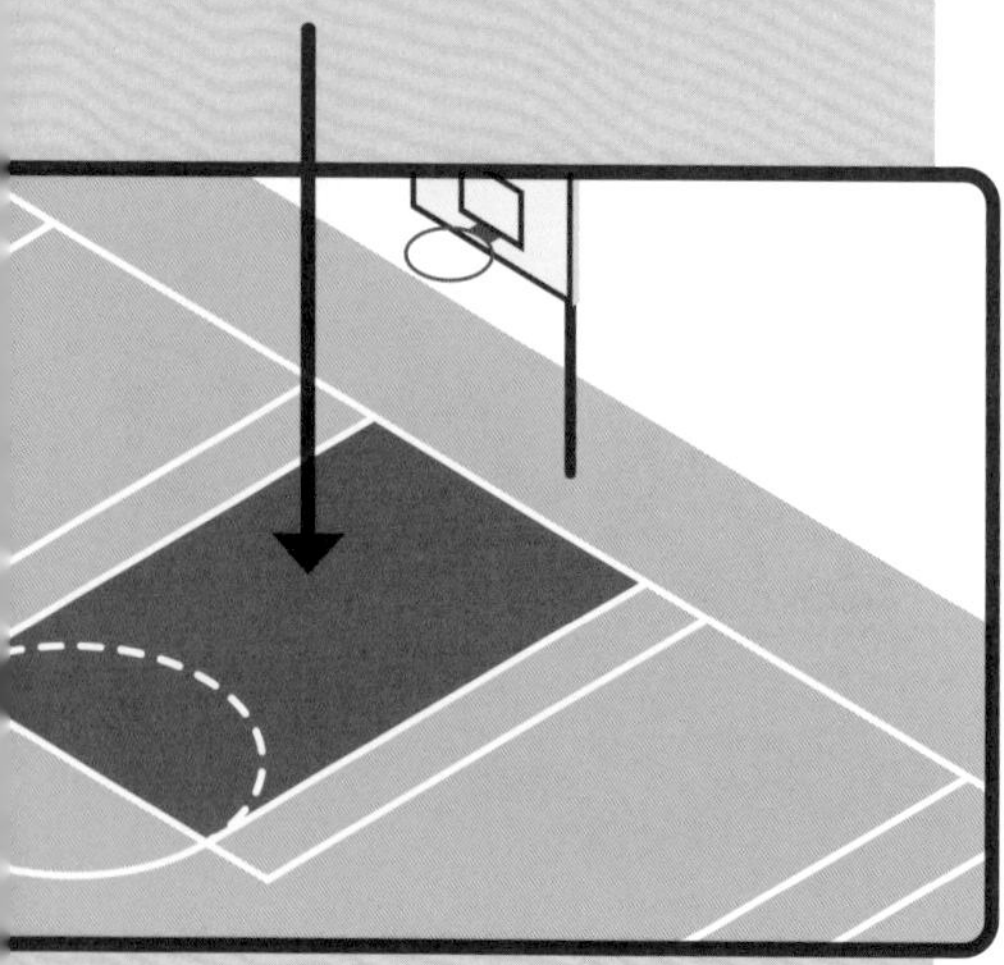

禁《きん》止《し》

秒《びょう》まで』。

まちぶ

ゴール下《した》にいていいのは

バイオレーション

バスケットボールは、手《て》でボールを操《あやつ》ってプレーしましょう。というのが決《き》められています。ですので、サッカーのように脚《あし》を使《つか》ってボールを蹴《け》ったり、パスをしたりしてはいけません。ちなみに膝《ひざ》から下《した》を使《つか》ってはいけないルールなので、モモを使《つか》うのはＯＫです。あと、たまたま脚《あし》に当《あ》たってしまった場合《ばあい》も反則《はんそく》になりません。

らだめ

蹴《け》った

ファウル

バスケットボールは、プレーする人《ひと》が安全《あんぜん》に楽《たの》しめるように考《かんが》えられたスポーツですので、プレー中《ちゅう》は相手《あいて》のからだに触《ふ》れて攻撃《こうげき》や守備《しゅび》の邪魔《じゃま》をすることができません。

1 押《お》す

2 突《つ》き飛《と》ばす

③ 手《て》を叩《たた》く

④ つかむ

⑤ ぶつかる

⑥ その他《ほか》

スポーツマンシップに反《はん》する行為《こうい》は
全部《ぜんぶ》だめです。

ファウル

ひとりでファウル5回《かい》で退《たい》場《じょう》。

1人《ひとり》のプレーヤーが、1試《し》合《あい》の中《なか》で5回《かい》ファウルをした場《ば》合《あい》は、そのプレーヤーは退場《たいじょう》し、他《ほか》のベンチプレーヤーと交代《こうたい》しなければなりません。また、5ファウルでの退場後《たいじょうご》は、再《ふたた》び交代《こうたい》して出場《しゅつじょう》することはできません。

ごめんなさい・・・

みんなでファウル5回《かい》でフリースロー。

1クオーター内《ない》でチームみんなのファウルが合計《ごうけい》5つになると、相手《あいて》チームにフリースローが与《あた》えられます。これをチームファウルと呼《よ》びます。5ファウル以降《いこう》は、ファウルごとにフリースローになります。チームファウルは、クオーターごとにリセットされるので、次《つぎ》のクオーターは、ゼロからのスタートになります。

BOYOYON
29

バスケふむふむノート②

背《せ》が大《おお》きくないとバスケはできない？

もちろんできます！ しかし、正直《しょうじき》なことを言《い》うと、身長《しんちょう》が低《ひく》いより高《たか》い方《ほう》が有利《ゆうり》なスポーツです。実際《じっさい》にアメリカのプロバスケットリーグNBA選手《せんしゅ》の平均身長《へいきんしんちょう》は198センチと言《い》われています。リバウンドだって背《せ》が高《たか》い方《ほう》が有利《ゆうり》ですし、高《たか》い選手《せんしゅ》にシュートをブロックされることもしばしば。身長《しんちょう》が高《たか》い方《ほう》が有利《ゆうり》なことは事実《じじつ》です。でも小《ちい》さくてもできるし、必要《ひつよう》な能力《のうりょく》を身《み》につければ、プロで活躍《かつやく》することだって、可能《かのう》です。実際《じっさい》、男子《だんし》でも女子《じょし》でも平均《へいきん》より身長《しんちょう》が低《ひく》い選手《せんしゅ》で、日本《にっぽん》や海外《かいがい》のプロリーグで大活躍《だいかつやく》する選手《せんしゅ》もいます。彼《かれ》らはみんな「からだが小《ちい》さくてもできる。むしろ、小《ちい》さくて良《よ》かった」と言《い》っているくらいで

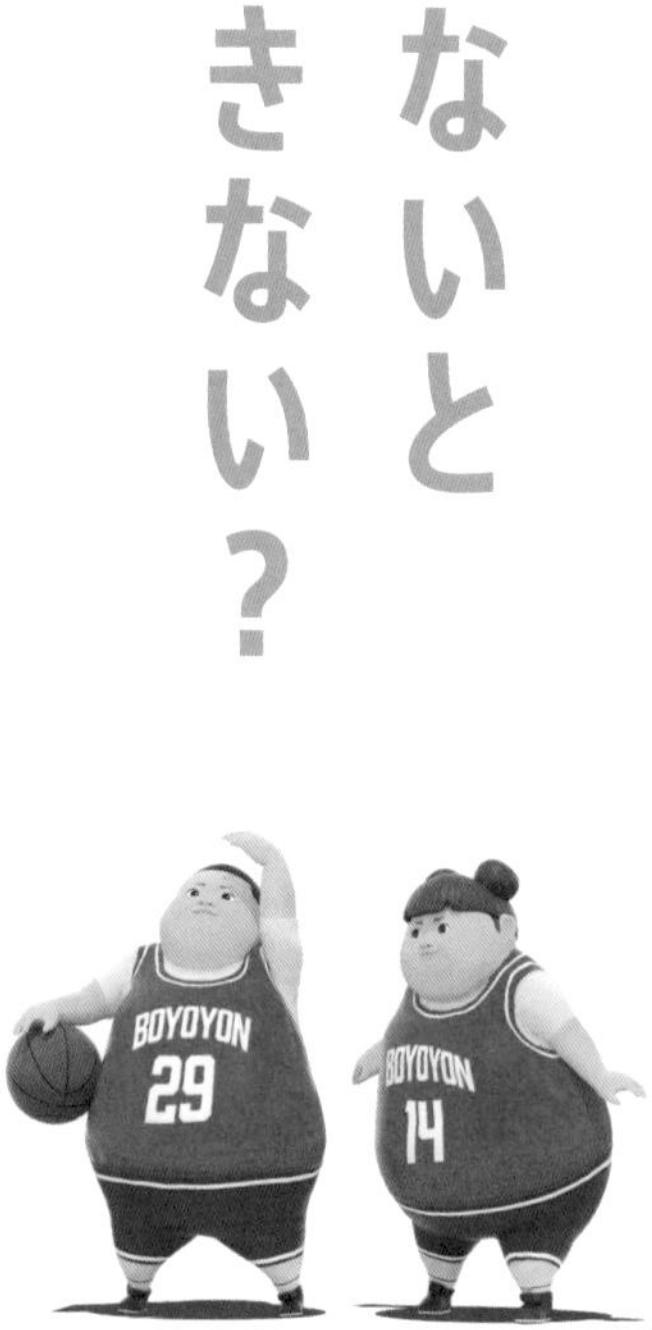

す。小《ちい》さな選手《せんしゅ》は、大《おお》きな選手《せんしゅ》に比《くら》べると、動《うご》きが素早《すばや》くできます。小回《こまわ》りがききますから、ドリブルで大《おお》きな選手《せんしゅ》を抜《ぬ》いたりすることもできるというわけです。

身長《しんちょう》が低《ひく》い人《ひと》は、特《とく》に「スリーポイントシュート」「ドリブル」「パス」の技《わざ》を極《きわ》めていくと活躍《かつやく》できると言《い》われています。スリーポイントシュートは、ゴール下《した》のシュートに比《くら》べ、大《おお》きな選手《せんしゅ》にシュートをガードされにくいです。ですので、スリーポイントシュートをはじめ外側《そとがわ》からのシュート力《りょく》を磨《みが》いておくと、背《せ》が低《ひく》いという弱点《じゃくてん》が小《ちい》さくなります。また、ドリブル、パスはどんな選手《せんしゅ》でも大事《だいじ》な技術《ぎじゅつ》ですが、身長《しんちょう》の低《ひく》い選手《せんしゅ》がよくプレーする「ガード」のポジションでは特《とく》に重要《じゅうよう》です。

最後《さいご》に、背《せ》を伸《の》ばすコツを教《おし》えましょう。身長《しんちょう》が伸《の》びるということは、「骨《ほね》が伸《の》びる」こと。ですので、骨《ほね》を伸《の》ばしやすくするために、「バランスの良《よ》い食事《しょくじ》」と「ストレッチ」が大切《たいせつ》だそうです。骨《ほね》にたくさんの栄養《えいよう》がいけば、骨《ほね》が伸《の》びる＝背《せ》が伸《の》びます。そして、骨《ほね》の周《まわ》りの筋肉《きんにく》が硬《かた》ければ、骨《ほね》が伸《の》びるのを邪魔《じゃま》してしまいます。ですので、筋肉《きんにく》を柔《やわ》らかくするストレッチをすることで、骨《ほね》が伸《の》びやすくなる環境《かんきょう》を作《つく》ってあげるというわけです。

とにもかくにも、バスケットボールは、身長《しんちょう》が高《たか》くても低《ひく》くても楽《たの》しめる、活躍《かつやく》できるスポーツです。身長《しんちょう》のことは気《き》にせずにやりましょう。

ショットクロック

写真《しゃしん》・吉田宗彦《よしだむねひこ》

相手《あいて》からボールを奪《うば》ったら、24秒以内《びょういない》にシュートを打《う》たないとだめ。という「24秒《びょう》ルール」のためだけに、表示《ひょうじ》する時計《とけい》です。バスケットボールにしかないですが、とても大事《だいじ》なルールなので、これだけを表示《ひょうじ》する時計《とけい》があります。ゴールの上《うえ》やスコアボードの近《ちか》くなど、選手《せんしゅ》や観客《かんきゃく》が確認《かくにん》しやすい場所《ばしょ》に置《お》いてあります。

第《だい》3章《しょう》

ポジション

バスケは、1チーム5つのポジションで構成《こうせい》されます。
ポジションごとに役割《やくわり》も異《こと》なれば、
プレーヤーの特徴《とくちょう》も違《ちが》ってくるのが面白《おもしろ》いところです。

ポジション

バスケのポジションは、主《おも》にゴールから離《はな》れたところでプレーする『ポイントガード（PG）』、『シューティングガード（SG）』、『スモールフォワード（SF）』、ゴール付《ふ》近《きん》でプレーする『パワーフォワード（PF）』と『センター（C）』、の合計《ごうけい》5つのポジションです。もともとは、5人《にん》の役割《やくわり》がしっかり分《わ》かれていたのですが、最近《さいきん》ではひとりでいくつもの役割《やくわり》をこなすことの方《ほう》が重要《じゅうよう》になってきて、ポジションごとの個性《こせい》は少《すこ》し減《へ》ってきています。

シューティングガード（SG）
ポイントガード（PG
パワーフォワード（PF）
SOYOYON
14
センター（C）

ポイントガード

司《し》令《れい》塔《とう》

PG

ポイントガードは、攻撃《こうげき》する時《とき》、自陣《じじん》後方《こうほう》からドリブルでボールを相手《あいて》コートに運《はこ》びます。そのまま相手《あいて》ゴール前《まえ》に切《き》り込《こ》んだり、味方《みかた》にパスをするなど、攻撃《こうげき》の起点《きてん》になるポジションです。すばやく攻《せ》めるのか？ ゆっくり攻《せ》めるのか？ 試合《しあい》の状況《じょうきょう》をみて、攻撃《こうげき》するペース配分《はいぶん》までコントロールすることを求《もと》められるので、司令塔的《しれいとうてき》なポジションと言《い》えるでしょう。コート全体《ぜんたい》を見渡《みわた》せる視野《しや》があり、ドリブルやパスが上手《うま》ければ背《せ》の高《たか》さに関係《かんけい》なくできるポジションなので、背《せ》が低《ひく》くても活躍《かつやく》できます。今《いま》は、大《おお》きい人《ひと》でもドリブルやパスなどボールの扱《あつか》いが上手《うま》くできるように進化《しんか》してきているので、大型《おおがた》のポイントガードも増《ふ》えています。また、スリーポイントシュートを得意《とくい》とする選手《せんしゅ》も増《ふ》えていて、より攻撃《こうげき》的《てき》なポジションになってきています。

リーダーっぽい性格《せいかく》の人《ひと》向《む》きのポジション

シューティングガード

シューター

SG

シューティングガードは、シューティング（シュートする）の名《な》の通《とお》り、得点《とくてん》をとることが求《もと》められるポジションです。ポイントガードと同《おな》じく、ゴールから遠《とお》いポジションをとることが多《おお》く、遠《とお》いところからゴールを狙《ねら》います。そのため、シューティングガードは、スリーポイントが得意《とくい》な選手《せんしゅ》が任《まか》されることが多《おお》いようです。守備《しゅび》の時《とき》には、敵《てき》の選手《せんしゅ》がゴール付近《ふきん》に切《き》り込《こ》もうとするのを阻《はば》んだり、スリーポイントシュートを防《ふせ》いだりすることも重要《じゅうよう》な役割《やくわり》です。

ちなみに、シュートを打《う》つまでの時間《じかん》が短《みじか》くなったルール変更《へんこう》で、スリーポイントシュートを打《う》つ時《とき》にタメを作《つく》らず、素早《すばや》く打《う》つようなフォームに進化《しんか》しています。

シュートが大好《だいす》きな人《ひと》が向《む》いています。

スモールフォワード

エース

SF

スモールフォワードは、シューティングガードと同《おな》じアウトサイドのポジションですが、外《そと》からのシュートだけでなく、ゴール下《した》に切《き》り込《こ》んでシュートを狙《ねら》います。そのため、アウトサイドでも、インサイドでもちょこちょこ顔《かお》を出《だ》します。攻撃時《こうげきじ》にはシュートだけでなく、リバウンドもしますし、守備《しゅび》の時《とき》には、アウトサイドで相手《あいて》のエースを止《と》めたりします。そして、試合《しあい》によってはポイントガードをすることもあり、なんでも出来《でき》るイメージがあります。なぜ、名前《なまえ》に「スモール」なんてつけたんでしょうか？　プレーを見《み》ていれば、「小《ちい》さい」なんてことは一切《いっさい》ないポジション。それが、スモールフォワードです。

運動神経《うんどうしんけい》ばつぐんの選手《せんしゅ》はここ。

パワーフォワード

縁《えん》の下《した》の力持《ちからも》ち

パワーフォワードは、攻撃《こうげき》や守備《しゅび》のときのリバウンドだけでなく、ゴール近《ちか》くでシュートやパスをするなど、主《おも》にゴール近《ちか》くでプレーをするポジションです。ボールをめぐって激《はげ》しいカラダのぶつかり合《あ》いが多《おお》いエリアなので、相手《あいて》のパワーに負《ま》けない体力《たいりょく》とガッツが求《もと》められます。ボールを持《も》つ味方《みかた》がシュートやドリブルをしやすいように守《まも》っているプレーヤーを引《ひ》きつけたり、チームのための動《うご》きも多《おお》いので、「縁《えん》の下《した》の力持《ちからも》ち」的《てき》なポジションです。しかし、最近《さいきん》ではリバウンドだけでなく、インサイドやアウトサイドからもシュートしたり、味方《みかた》にパスを出《だ》すなど、色《いろ》んなことが出来《でき》る選手《せんしゅ》に進化《しんか》してきて、「縁《えん》の下《した》の力持《ちからも》ち」で終《お》わらないポジションになってきています。

PF

ガッツなら誰《だれ》にも負《ま》けない！

センター C

大黒柱《だいこくばしら》

センターというポジションは、主《おも》にゴール付近《ふきん》でプレーする選手《せんしゅ》で、背《せ》が高《たか》い選手《せんしゅ》が多《おお》いのが特徴《とくちょう》です。そのためパワーフォワードとともに「ビッグ」と呼《よ》ばれ、守備《しゅび》では、一番《いちばん》うしろから味方《みかた》に指示《しじ》します。そして、相手《あいて》のスモールフォワードやガードが切《き》り込《こ》んでくることを邪魔《じゃま》したり、ゴール下《した》のリバウンドや、ゴール付近《ふきん》でのシュートをブロックするディフェンス最後《さいご》の壁《かべ》となる選手《せんしゅ》です。そして、守備《しゅび》だけでなく、インサイドでのシュートなど、攻撃力《こうげきりょく》も求《もと》められるポジションでもあります。最近《さいきん》は、センターだからゴール付近《ふきん》にずっといる。ということは少《すく》なく、外側《そとがわ》からのシュートだったり、外側《そとがわ》からドリブルで切《き》り込《こ》むなど、縦横無尽《じゅうおうむじん》に、色《いろ》んなことができるように進化《しんか》しています。そのため、昔《むかし》にくらべると、センターの選手《せんしゅ》には俊敏性《しゅんびんせい》が求《もと》められるようになりました。

背《せ》が高《たか》い人《ひと》はまずはこのポジション。

レフェリー

バスケットボールのレフェリーは、ずっと動《うご》き回《まわ》ります。1試合《しあい》でレフェリーの走《はし》る距離《きょり》は5キロ程度《ていど》で、時《とき》に全力疾走《ぜんりょくしっそう》でコートを走《はし》ります。そのため、まず体力《たいりょく》がなければいけません。また、試合《しあい》を面白《おもしろ》くするために、選手《せんしゅ》とコミュニケーションを取《と》りながら、臨機応変《りんきおうへん》に反則《はんそく》かどうかを判断《はんだん》するので、コミュニケーション能力《のうりょく》も重要《じゅうよう》なんだとか。バスケットボールのレフェリーは、選手《せんしゅ》と一緒《いっしょ》に試合《しあい》を盛《も》り上《あ》げるパートナーと言《い》えますね。

バスケふむふむノート③

どうしてバスケはのんびりできなくなったの？

どんなスポーツでも点《てん》が多《おお》く入《はい》った方《ほう》が試合《しあい》が盛《も》り上《あ》がります。特《とく》にバスケットボールは、コートが小《ちい》さく攻守《こうしゅ》の切《き》り替《か》えも激《はげ》しいのが特徴《とくちょう》です。でも、もしそんなバスケットボールで、ほとんど点《てん》が入《はい》らない試合《しあい》があったらどうでしょうか？ 選手《せんしゅ》はもちろんですが、観《み》ている観客《かんきゃく》にとっても、めちゃくちゃつまらないものになりますよね。実際《じっさい》に、そんな試合《しあい》がアメリカプロバスケットリーグNBAであったんです。

ジョージ・マイカンは、1950年《ねん》にNBAで活躍《かつやく》した206センチの選手《せんしゅ》で、シュートも得意《とくい》なため、試合《しあい》ではいつも無双《むそう》していたそうです。そんな頃《ころ》、あるチームが、ジョージ・マ

イカンを止《と》めるためにした作戦《さくせん》が、「相手《あいて》にボールを渡《わた》さない」というものでした。つまり、ボールを持《も》ったら、シュートを打《う》たず、ずっと味方同士《みかたどうし》でパスをして、逃《に》げ回《まわ》ったのです。結果《けっか》、18対《たい》19と、バスケットボールでは考《かんが》えられないような少《すく》ない点数《てんすう》で試合《しあい》が終《お》わり、ファンはめちゃくちゃ怒《おこ》ったそうです。この試合《しあい》がきっかけで、「ボールを持《も》ったら30秒以内《びょういない》にシュートを打《う》たなければいけない」というルールが誕生《たんじょう》しました。さらに、もっとシュートを打《う》ち合《あ》うように、のんびりさせないために、24秒《びょう》に変更《へんこう》になりました。

バスケットボールは、人《ひと》もボールも縦横無尽《じゅうおうむじん》に動《うご》き続《つづ》けるからこそ、観《み》ていて飽《あ》きませんし、時間《じかん》もあっという間《ま》に過《す》ぎていくように感《かん》じます。そのため、30秒《びょう》ルール誕生以降《たんじょういこう》、3秒《びょう》、5秒《びょう》、8秒《びょう》、24秒《びょう》と様々《さまざま》な時間《じかん》に関《かん》するルールが生《う》まれたのです。

バスケットボールは、観客《かんきゃく》を楽《たの》しませるために、「のんびりしてはいけないスポーツ」になっていったと言《い》えますね。

バッシュ

写真提供《しゃしんていきょう》：アシックスジャパン

バスケ用《よう》のシューズをバッシュと呼《よ》びます。バッシュの特徴《とくちょう》は、体育館《たいいくかん》など屋内《おくない》の床《ゆか》でも滑《すべ》りにくくする。そして、高《たか》くジャンプし着地《ちゃくち》した時《とき》の衝撃《しょうげき》を吸収《きゅうしゅう》することです。そのため足首《あしくび》を守《まも》るために作《つく》られたハイカットのバッシュが主流《しゅりゅう》でした。最近《さいきん》は、バスケの高速化《こうそくか》にともない、動《うご》き易《やす》さを重視《じゅうし》したミドルカットやローカットモデルが主流《しゅりゅう》になっています。

第《だい》4章《しょう》

バスケ用語《ようご》

ここでは、バスケットボールならではの用語《ようご》をご紹介《しょうかい》します。

リバウンド

相手《あいて》の外《はず》したシュートがゴールから落《お》ちてくるところを拾《ひろ》う重要《じゅうよう》な技《わざ》の名前《なまえ》です。ちなみに、ダイエット後《ご》に体重《たいじゅう》が増《ふ》えてしまうこともリバウンドと呼《よ》びますが、そのリバウンドはできるだけ避《さ》けたいですね。

スティール

相手《あいて》のボールを奪《うば》いとることをスティールと言《い》います。英語《えいご》のsteal（盗《ぬす》む）からきていますが、からだの接触《せっしょく》が反則《はんそく》になるバスケットボールで、相手《あいて》からボールをとるのは難《むずか》しい。そのため、ドリブルしている相手《あいて》のボールを奪《うば》ったり、相手《あいて》のパスを奪《うば》うスティールが決《き》まると、とても褒《ほ》められます。

ダンク

ダンクは、ジャンプしてボールをゴールの上《うえ》から直接《ちょくせつ》入《い》れるシュートのことです。ちなみに、ダンク（dunk）は、英語《えいご》でクッキーなどを紅《こう》茶《ちゃ》に浸《ひた》すという意味《いみ》で、そこからダンクシュートと呼《よ》ばれるようになったようです。

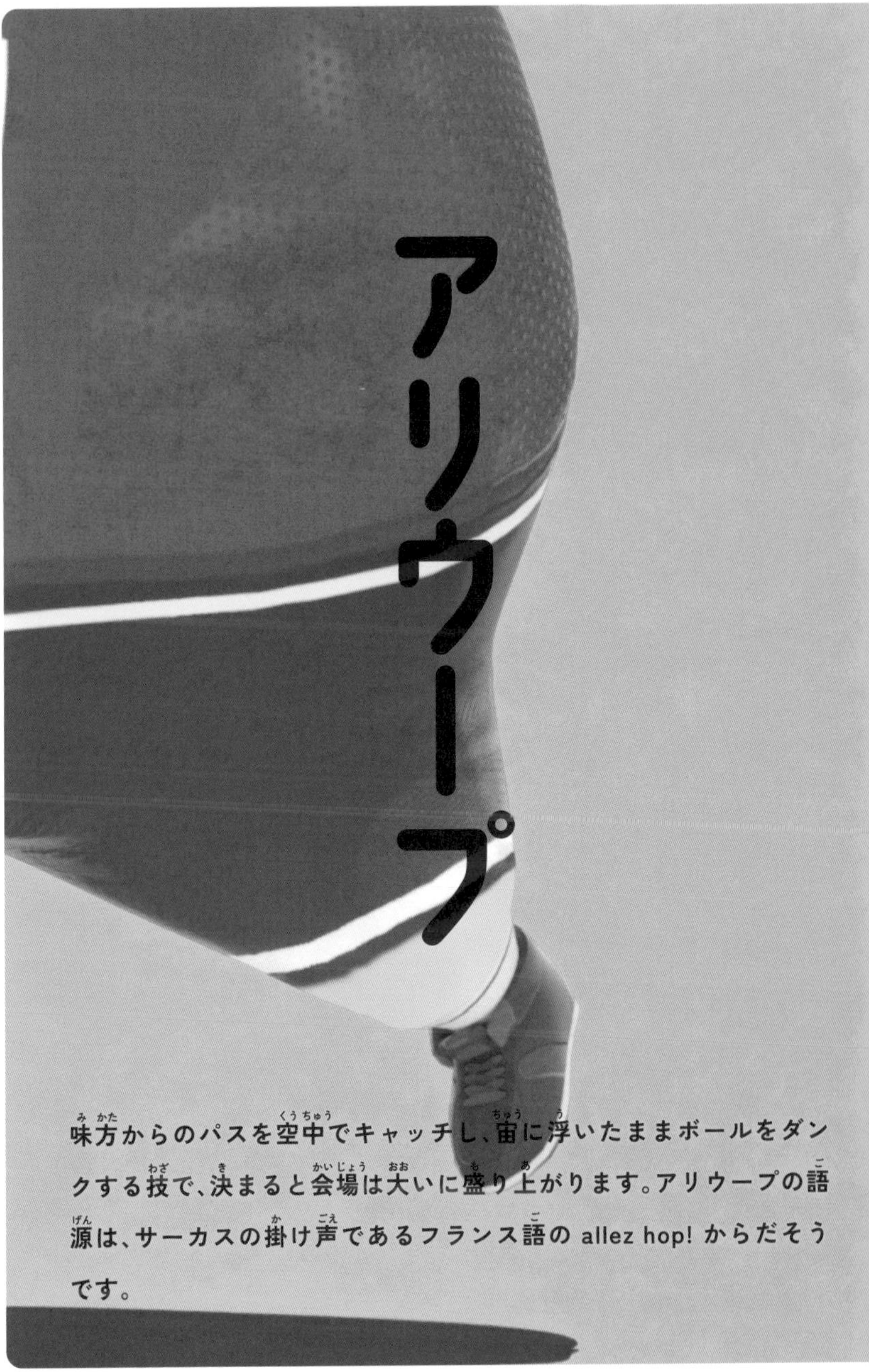

アリウープ

味方《みかた》からのパスを空中《くうちゅう》でキャッチし、宙《ちゅう》に浮《う》いたままボールをダンクする技《わざ》で、決《き》まると会場《かいじょう》は大《おお》いに盛《も》り上《あ》がります。アリウープの語《ご》源《げん》は、サーカスの掛《か》け声《ごえ》であるフランス語《ご》の allez hop! からだそうです。

ノールックパス

ノールックパスは、文字《もじ》通《とお》りノールック（見《み》ない）で、パスをすること。パスを出《だ》す先《さき》を見《み》ずに、正確《せいかく》に味方《みかた》にボールを送《おく》るので、なかなかできる選手《せんしゅ》はいません。ディフェンスしている相手《あいて》も、目線《めせん》と全《まった》く違《ちが》うところにパスがいくので、騙《だま》されてしまいます。

エアボール

シュートしてゴールにかすりもせずに失敗《しっぱい》したシュートのことを、エアボールと呼《よ》びます。選手《せんしゅ》としては、ちょっと恥《は》ずかしいそうです。

ブザービーター

試合終了《しあいしゅうりょう》のブザーが鳴《な》っても、その直前《ちょくぜん》に打《う》たれたシュートが空中《くうちゅう》にある場合《ばあい》、まだ試合《しあい》は終《お》わってません。シュートが決《き》まって試合終《しあいしゅう》了《りょう》になることを、ブザービーター（Buzzer Beater）と言《い》います。会場《かいじょう》の興奮《こうふん》が、最高潮《さいこうちょう》に達《たっ》するのは言《い》うまでもありませんよね。

ブースター

ブースターは、バスケットボールではチームを応援《おうえん》する観客《かんきゃく》のことです。ちなみに、ブースターは、英語《えいご》で「後《あと》押《お》しする人《ひと》」という意味《いみ》です。まさに、応援《おうえん》が選手《せんしゅ》の背中《せなか》を押《お》す。ということですね。声《こえ》を出《だ》して選手《せんしゅ》の背中《せなか》を押《お》して、楽《たの》しい試合《しあい》をみんなでつくりましょう！

ディーフェンスッ

味方《みかた》のチームや応援《おうえん》しているチームが、ゴールを守《まも》って守備《しゅび》をしている時《とき》に、ベンチにいるチームメイトや応援《おうえん》する人《ひと》たちが「ディーーーーーフェンスッ（守《まも》れ！）」と連呼《れんこ》します。応援《おうえん》する一《ひと》つのスタイルで、試合会場《しあいかいじょう》では普通《ふつう》によく聞《き》くので注目《ちゅうもく》してみましょう。なぜ「ィーーーーーーー」と伸《の》ばすのかは、不明《ふめい》です。

一《いっ》本《ぽん》！

バスケは多《おお》くの点《てん》を取《と》り合《あ》うスポーツですが、1本《ぽん》1本《ぽん》のシュートの積《つ》み重《かさ》ねです。そのため、味方《みかた》のチームが攻《せ》めになった時《とき》には、ベンチのチームメイトや応援《おうえん》する人《ひと》たちが「いっぽん！（1本《ぽん》）」と言《い》って、応援《おうえん》します。

モップ

バスケの試合《しあい》、選手《せんしゅ》はめちゃくちゃ汗《あせ》をかきます。この汗《あせ》がコートに残《のこ》っていると、滑《すべ》りやすく危《あぶ》ないです。そのため、1クオーター終《お》わるたびに、コートスイーパーと呼《よ》ばれる人《ひと》たちがコートをお掃除《そうじ》します。この掃除道具《そうじどうぐ》がモップです。練習《れんしゅう》の時《とき》でも、終《お》わった後《あと》でもモップがけは、必《かなら》ず行《おこな》いましょう。

第《だい》5章《しょう》

3《スリー》×《エックス》3《スリー》

街中《まちなか》で行《おこな》われていたストリートバスケをもとにして生《う》まれた

3人制《にんせい》バスケットボールについてご紹介《しょうかい》します。

3人《にん》制《せい》のバスケ

3《スリー》×《エックス》3《スリー》

3×3は、バスケットボールよりも、さらにのんびりしてはいけないスポーツです。

3人《にん》対《たい》3人《にん》

5人制《にんせい》のバスケットボールを3人《にん》で行《おこな》うのが3x3です。ルールはほとんど一緒《いっしょ》です。

ハーフコート

コートの広《ひろ》さは半分《はんぶん》で、ゴールの数《かず》も1つです。攻撃側《こうげきがわ》がゴールを失敗《しっぱい》したり、守備側《しゅびがわ》がボールを奪《うば》ったりして、攻守《こうしゅ》が切《き》り替《か》わります。

21点《てん》先《せん》取《しゅ》

ゴールは、1点《てん》と2点《てん》があります。5人制《にんせい》でいうスリーポイントシュートが2点《てん》です。試合《しあい》の時間《じかん》は10分間《ぶんかん》ですが、どちらかのチームが先《さき》に21点《てん》を取《と》るとその時点《じてん》で試合終了《しあいしゅうりょう》です。

3×3の見《み》どころ

すぐに点《てん》が入《はい》る

ボールを持《も》ったら、12秒《びょう》以内《いない》にシュートしなくていけません。そのため、すぐに点《てん》が入《はい》ります。全《まった》くのんびりできませんね。

小柄《こがら》なチームでもチャンスあり

3×3は、外側《そとがわ》からの攻撃《こうげき》がより重要《じゅうよう》と言《い》われています。ゴールから遠《とお》くなればなるほど身長《しんちょう》差《さ》は関係《かんけい》ないといわれるので、小柄《こがら》なチームでもチャンスがあるのです。

選《せん》手《しゅ》は、オールラウンダー

5人制《にんせい》に比《くら》べると、選手《せんしゅ》はずっとスピーディーに動《うご》いています。また選手《せんしゅ》3人《にん》が色々《いろいろ》な役割《やくわり》をするので、オールラウンダータイプが向《む》いていると言《い》われています。

会《かい》場《じょう》は音《おん》楽《がく》ライブのよう!?

試合会場《しあいかいじょう》は、DJが音楽《おんがく》をかけて盛《も》り上《あ》げます。観客席《かんきゃくせき》は、選手《せんしゅ》との距離《きょり》も近《ちか》いので一体感《いったいかん》もあります。3×3の試合会場《しあいかいじょう》は、お祭《まつ》りのような楽《たの》しい感《かん》じです。

それでは、安全《あんぜん》にバスケを楽《たの》しみましょう。

BOYOYON
29
BOYOYON
14

れさえ読《よ》めばだいたいわかる
スケのルール 超《ちょう》・初級編《しょきゅうへん》

4年4月30日　第1版第1刷発行

：中野良一・木谷友亮
ャラクターデザイン：荒川潤一・佐藤友哉
力：バスケットボールマガジン（ベースボール・マガジン社）、三上 太
材協力：椿 遊 氏、渡辺潤平 氏

行人　池田哲雄
行所　株式会社ベースボール・マガジン社
103-8482
京都中央区日本橋浜町2-61-9 TIE浜町ビル
話 03-5643-3930（販売部）
03-5643-3885（出版部）
替口座 00180-6-46620
ps://www.bbm-japan.com/

刷・製本　大日本印刷株式会社

3N 978-4-583-11577-1　C0075

考図書・参考文献】
どもがバスケを始めたら読む本』ベースボール・マガジン社　三上 太 著　鈴木良和 監修
ールマンがすべてではない』東邦出版　大野篤史・小谷 究 著
ぐに試合で役に立つ！バスケットボールのルール 審判の基本（改訂新版）』
業之日本社　橋本信雄 監修
スケットボール物語　誕生と発展の系譜』大修館書店　水谷 豊 著